HaitianChantsofHope

"Les Ca_i  ...∪e Français"

Cantiques et Louanges / Hymns and Praise Songs Collected by ChandesperansOnline.com

"Recueil des "Chants d'espérance Français"

by Max Dubois, Conducteur de Louange

Prologue by Max Dubois, Conducteur de Louange:

"HaitianChantsofHope - Chants d'Espérance's Greatest Hits, Songs, and Hymns" brings you a collection of the top hymns sung by Evangelical churches and Haitian believers in Haiti, Miami, Boston, Philadelphia, New York, Chicago, France, DR, Chile and the rest of the world. On pages 2 to 47, you will find a series of the favorite songs of Chants d'Espérance Français. Ce sont des Cantiques et Louanges / they are Hymns and Praise Songs Collected by ChandesperansOnline.com. In Recueil des "Chants d'espérance Français" (Pages 48 – 67) you will find the titles of all the French hymns of Chants d'espérance. A sample of these hymns is found on chantsdesperancefrancais.blogspot.com and Haitianchantsofhope.blogspot.com

Quand le vol de la tempête

1. Quand le vol de la tempête
   Vient assombrir ton ciel bleu,
   Au lieu de baisser la tête,
   Compte les bienfaits de Dieu

   Refrain

   Compte les bienfaits de Dieu,
   Mets-les tous devant tes yeux
   Tu verras, en adorant,
   Combien le nombre en est grand.

2. Quand, sur la route glissante
   Tu chancelles sous ta croix,
   Pense à cette main puissante
   Qui t'a béni tant de fois.

3. Si tu perds dans le voyage
   Plus d'un cher et doux trésor,
   Pense au divin héritage
   Qui La-Haut te reste encore.

4. Bénis donc, bénis sans cesse
   Ce Père qui, chaque jour
   Répand sur toi la richesse
   De son merveilleux amour

Quel ami fidèle et tendre

1. Quel ami fidèle et tendre, nous avons en Jésus-Christ,
Toujours prêt à nous entendre, à répondre à notre cri!
Il connaît nos défaillances, nos chutes de chaque jour,
Sévère en ses exigences, Il est riche en son amour.

2. Quel ami fidèle et tendre, nous avons en Jésus-Christ,
Toujours prêt à nous comprendre, quand nous sommes en souci!
Disons-lui toutes nos craintes, ouvrons-lui tout notre cœur.
Bientôt ses paroles saintes nous rendront le vrai bonheur.

3. Quel ami fidèle et tendre, nous avons en Jésus-Christ,
Toujours prêt à nous défendre, quand nous presse l'ennemi!
Il nous suit dans la mêlée, nous entoure de ses bras,
Et c'est lui qui tient l'épée, qui décide les combats.

4. Quel ami fidèle et tendre, nous avons en Jésus-Christ,
Toujours prêt à nous apprendre, à vaincre en comptant sur lui!
S'il nous voit vrais et sincères à chercher la sainteté,
Il écoute nos prières et nous met en liberté.

5. Quel ami fidèle et tendre, nous avons en Jésus-Christ,
Bientôt il viendra nous prendre pour être au ciel avec lui.
Suivons donc l'étroite voie, en comptant sur son secours.
Bientôt nous aurons la joie de vivre avec lui toujours.

Oh quel beau soleil dans mon âme!

1. Dans mon âme un beau soleil brille;
   Son rayon doux et joyeux
   Répand un éclat qui scintille;
   C'est le sourire de Dieu.

   Refrain
   Oh quel beau soleil dans mon âme !
   Il éclaire, illumine tout.
   À ses rayons mon coeur s'enflamme,
   Et je vais chantant partout.

2. Mon coeur était plein de ténèbres
   Quand parut un jour nouveau,
   Au loin fuyez, ombres funèbres,
   Devant un soleil si beau !

3. Nuages des plaintes, du doute,
   Gaîment je vous dis adieu !

Voici resplendir sur ma route,
Le soleil dans un ciel bleu !

4. Ô mon coeur, éclate en louanges,
Pour toi le soleil a luit;
Je serai parmi les phalanges
Qui loueront Dieu jour et nuit !

Ne crains rien, je t'aime !

Ne crains rien, je t'aime !
Je suis avec toi !
Promesse suprême,
Qui soutient ma foi.
La sombre vallée
N'a plus de terreur,
L'âme consolée,
Je marche avec mon Sauveur.

Refrain
Non, jamais tout seul,
Non, jamais tout seul,
Jésus mon Sauveur me garde,
Jamais ne me laisse seul.
Non, jamais tout seul,
Non, jamais tout seul,
Jésus mon Sauveur me garde,
Je ne suis jamais tout seul.

L'aube matinière
Ne luit qu'aux beaux jours,
Jésus, ma lumière,
M'éclaire toujours !
Quand je perds de vue
L'astre radieux,
À travers la nue,
Jésus me montre les cieux !

Les dangers accourent,
Subtils, inconnus :
De près ils m'entourent,
Plus près est Jésus,
Qui dans le voyage,
Me redit : « C'est moi !
Ne crains rien : courage !
Je suis toujours avec toi ! »

Dieu tout Puissant quand mon cœur considère

Dieu tout Puissant quand mon cœur considère

Tout l'univers crée par Ton pouvoir ;

Le ciel d'azur, les éclairs, le tonnerre

Le clair matin ou les ombres du soir...

De tout mon être, alors, s'élève un chant :

«Dieu tout puissant, que tu es grand ! »

(bis 4 lignes)

2.

Mais quand je songe, O sublime mystère !

Qu'un Dieu si grand à pu penser à moi ;

Que Son cher Fils est devenu mon Frère,

Et que je suis l'héritier du grand Roi...

Alors mon cœur redit, la nuit, le jour :

«Que Tu es bon, O Dieu d'amour ! »

(bis 4 lignes)

3.

Quand mon Sauveur, Eclatant de lumière,

Se lèvera de Son trône éternel,

Et que, laissant les douleurs de la terre,
Je pourrai voir les splendeurs de Son ciel...

Je redirai, dans Son divin séjour :

«Rien n'est plus grand Que Ton amour ! »

(bis 3 lignes)

Quel repos céleste

1
Quel repos céleste,
Jésus, d'être à Toi!
À Toi pour la mort et la vie.
Dans les jours mauvais
De chanter avec foi :
Tout est bien, ma paix est infinie!

Refrain
Quel repos, quel repos,
Quel repos, quel céleste repos!

2
Quel repos céleste,
Mon fardeau n'est plus!
Libre par le sang du calvaire,
Tous mes ennemis,
Jésus les a vaincus,
Gloire et louange à Dieu, notre Père!

3
Quel repos céleste!
Tu conduis mes pas,
Tu me combles de tes richesses,
Dans ton grand amour,
Chaque jour tu sauras
Déployer envers moi tes tendresses.

4
Quel repos céleste,
Quand enfin, Seigneur,
Auprès de Toi j'aurais ma place,
Après les travaux,
Les combats, la douleur,
À jamais je pourrais voir ta face!

Voir mon Sauveur face a face

Voir mon Sauveur face a face

Voir Jésus dans sa beauté,

O joie! O supreme grâce!

bonheur! Felicite!

Refrain

Oui, dans ta magnificence

Je te verrai, divin Roi!

Pour toujours en ta présence

je serai semblable a Toi!

2.

Ta gloire est encor voilée,

Ah d'un voile ensanglante! ...

Bientôt sera révélée

Ton ineffable beauté!

3.

Oh! quels transports d'allégresse,

Quand tes yeux baissés sur moi,

Me diront avec tendresse:

je mourus aussi pour toi!

Mon seul appui, c'est l'Ami Céleste

1.
Mon seul appui, c'est l'Ami Céleste,
Jésus seul! Jésus seul!
Les ans s'en vont, cet Ami me reste,
Jésus seul! Jésus seul!

Refrain
Cet Ami connaît mes alarmes
Son amour guérit ma douleur;
Sa main essuie toutes mes larmes
Doux Sauveur! Doux Sauveur!

2.
Tout mon désir, c'est de le connaître,
Jésus seul! Jésus seul!
Et que sa paix remplisse mon être,
Jésus seul! Jésus seul!

3.
Dans le danger, toujours Il me garde,
Jésus seul! Jésus seul!
Dans mes soucis, à Lui je regarde,
Jésus seul! Jésus seul!

A Toi la gloire, O Ressuscité

A Toi la gloire, O Ressuscité
A Toi la victoire Pour l'eternité!
Brillant de lumiere, L'ange est descendu,
Il roule la pierre Du tombeau vaincu.

A Toi la gloire, O Ressuscité
A Toi la victoire Pour l'eternité!

Vois - le paraitre: C'est lui, c'est Jésus,
Ton Sauveur, ton Maitre! Oh! ne doute plus!
Sois dans l'allégresse, Peuple du Seigneur,
Et redis sans cesse Que Christ est vainqueur,

A Toi la gloire, O Ressuscité
A Toi la victoire Pour l'eternité!

Craindrais - je encore? Il vit a jamais,
Celui que j'adore, Le Prince de paix.
Il est ma victoire, mon puissant soutien,
Ma vie et ma gloire: Non, je ne crains rien.

A Toi la gloire, O Ressuscité
A Toi la victoire Pour l'eternité!

Tenons nos lampes prêtes

1
Tenons nos lampes prêtes,
Chrétiens, préparons-nous
Pour l'heure où les trompettes
Annonceront l'Époux.

Refrain
Qu'à répondre on s'empresse,
Hosanna! Hosanna!
Et qu'avec allégresse,
On chante : Alléluia!
On chante : Alléluia!

2
Voici déjà les anges!
Avec eux, les élus
Unissent leurs louanges
En l'honneur de Jésus.

3
Voici Jésus lui-même,
Puissant, victorieux!
De son pur diadème
L'éclat remplit les cieux.

4
Venez, bénis du Père,
Qui m'avez atttendu;
Entrez dans la lumière,
Le ciel vous est rendu.

Je lève les yeux vers les monts que j'aime

1

Je lève les yeux vers les monts que j'aime
D'où peut me venir ici les secours?
Le secours me vient de l'Éternel même,
Du Dieu qui créa les nuits et les jours.

2

Pourra-t-il souffrir que ton pied chancelle?
Ton gardien peut-il sommeiller jamais?
Non, il ne dort pas, le gardien fidèle,
Celui qui maintient Israël en paix.

3

Pour toi l'Éternel est un retraite;
Il te sert à droite et d'ombre et d'appui :
Le soleil ne peut frapper sur ta tête,
Ni la lune à l'heure où le jour a fui...

4

Il te gardera de tout mal possible;
Il garde ton âme, il garde tes jours;
Il te gardera ! Rentre et sors paisible :
L'Éternel sur toi veillera toujours.

Du rocher de Jacob

1
Du rocher de Jacob
Toute l'oeuvre est parfaite;
Ce que sa bouche a dit,
Sa main l'accomplira.
Alléluia! Alléluia! (bis)
Car il est notre Dieu (ter)
Notre haute retraite.

2
C'est pour l'éternité
Que le Seigneur nous aime;
Sa grâce en notre coeur
Jamais ne cessera.
Alléluia! Alléluia! (bis)
Car il est notre espoir (ter)
Notre bonheur suprême.

3
De tous nos ennemis
Il sait quel est le nombre
Son bras combat pour nous
Et nous délivrera.
Alléluia! Alléluia! (bis)
Les méchants devant lui (ter)
S'enfuiront comme une ombre.

4
Notre sépulcre aussi
Connaîtra sa victoire;
Sa voix au dernier jour
Nous ressuscitera.
Alléluia! Alléluia! (bis)

Pour nous ses rachetés, (ter)
La mort se change en gloire.

5
Louons donc l'Éternel,
Notre Dieu, notre Père
Le Seigneur est pour nous,
Contre nous qui sera?
Alléluia! Alléluia! (bis)
Triomphons en Jésus (ter)
Et vivrons pour lui plaire.

Le cri de mon âme

1
Le cri de mon âme
S'élève vers toi.
Elle te réclame,
Jésus, pour son Roi.
Ton joug est facile,
Ton fardeau léger;
Sur mon coeur docile
Règne, ô bon berger!

2

Jésus, sois mon guide,

Dirige mes pas,

Et sois mon égide

Dans tous mes combats.

Dans la nuit profonde

Tiens-moi par la main;

Lumière du monde,

Luis sur mon chemin!

3

Source de l'eau vive,

Pain venu des cieux,

Que par toi je vive

Paisible et joyeux!

Quand luira l'aurore

Du jour éternel,

Que je vive encore

Pour toi, dans le ciel!

Ô jour béni, jour de victoire

1.

Ô jour béni, jour de victoire
Que je ne saurais oublier;
J'ai vu, j'ai vu le Roi de gloire
Apparaissant sur mon sentier!
Sa beauté, sa gloire infinie,
De tous les côtés m'entourait;
Son regard, qui porte la vie,
Sur ma pauvre âme s'abaissait.

2

Son manteau couvrait ma misère,
Ses bras me serraient sur son coeur;
Il me portait dans sa lumière,
Loin du péché, de la douleur.
De sa main essuyant mes larmes,
Il me parlait de son amour.
« Viens, mon enfant, sois sans alarmes :
Je te prends à moi sans retour. »

3

Il a saisi mes mains tremblantes;
J'ai dit amen à ce contrat!
Il étend ses mains bénissantes,
C'est en effet lui qui combat.
Il dit à mon âme ravie :
« Ne t'occupe plus que de moi,
Et je dirigerai ta vie
Et je m'occuperai de toi. »

4

En avant donc, avec courage,

Avec espoir, avec bonheur;

Je me consacre sans partage

À mon Dieu, mon Roi, mon Sauveur.

Et, les yeux fermés, je m'avance,

Tranquille, sur le droit chemin.

J'entonne un chant de délivrance;

Il peut tout, car je ne suis rien!

Contempler Mon Dieu

1

Contempler mon Dieu sur son trône,
Vivre avec Jésus dans le ciel,
Jeter à ses pieds ma couronne,
C'est là le bonheur éternel.

Refrain

Dans le ciel, dans le ciel
Vivre avec Jésus dans le ciel
Dans le ciel, dans le ciel
Dans le ciel
C'est là le bonheur éternel

2

Unir ma voix aux chants des anges,
Bénir, louer Emmanuel,
Chanter à jamais ses louanges,
C'est là le bonheur éternel.

3

Jouir d'une paix infinie,
Revoir mes amis dans le ciel,
Posséder l'immortelle vie,
C'est là le bonheur éternel.

4

Retrouver les saints dans la gloire
Près du trône de l'Éternel,
Célébrer la même victoire,
C'est là le bonheur éternel.

Maître, entends-tu la tempête

1

Maître, entends-tu la tempête
Et ses terribles accents?
Parle, Seigneur, et l'arrête;
Sauve, sauve tes enfants!
Mais aucun bruit ne l'éveille;
Il dort et nous périssons.
À nos cris prête l'oreille,
Sauve-nous, nous t'en prions!

Refrain

Il parle aux flots en démence :
Paix vous soit!
La mer, les vents font silence;
Paix vous soit! (bis)
Il est notre délivrance;
Paix vous soit!

2

Maître, mon coeur qui chancelle
Traverse les grandes eaux,
Et l'orage à ma nacelle
Livre de rudes assauts.
Oh! qui verra ma détresse?
D'où me viendra le secours?
À toi, Seignaur, je m'adnesse,
C'est à toi que j'ai recours.

3

Maître, l'onde est apaisée,
Le doute a quitté mon coeur,
Et mon âme consolée
A retrouvé son Sauveur.
Oh! prends en ta main ma vie,
Jusques au jour de ma mort.
En toi seul je me confie;
Tu me conduiras au port.

Je ne sais pas le jour où je verrai mon Roi,

1

Je ne sais pas le jour où je verrai mon Roi,
Mais je sais qu'il me veut dans sa sainte demeure;
La lumière vaincra les ombres à cette heure:
Ce sera la gloire pour moi.

Refrain

Ce sera la gloire pour moi. (bis)
La lumière vaincra les ombres à cette heure :
Ce sera la gloire pour moi.

2

Je ne sais quels seront les chants des bienheureux,
Les accents, les accords des hymnes angéliques,
Mais je sais que, joignant ma voix aux saints cantiques,
Bientôt j'adorerai comme eux.

Refrain

Bientôt j'adorerai comme eux. (bis)
Mais je sais que, joignant ma voix aux saints cantiques,
Bientôt j'adorerai comme eux.

3

Je ne sais quel sera le palais éternel,
Mais je sais que mon âme y sera reconnue.
Un regard de Jésus sera ma bienvenue.
Pour moi, pour moi s'ouvre le ciel.

Refrain

Pour moi, pour moi s'ouvre le ciel. (bis)
Un regard de Jésus sera ma bienvenue.
Pour moi, pour moi s'ouvre le ciel.

J'ai soif de ta présence

1
J'ai soif de ta présence
Divin chef de ma foi;
Dans ma faiblesse immense
Que ferais-je sans toi?

Refrain

Chaque jour, à chaque heure,
Oh! j'ai besoin de toi!
Viens, Jésus et demeure
Auprès de moi.

2
Des ennemis, dans l'ombre,
Rodent autour de moi;
Accablé par le nombre,
Que ferais-je sans toi?

3
Pendant les jours d'orage,
D'obscurité, d'effroi,
Quand faiblit mon courage,
Que ferais-je sans toi?

4
O Jésus! ta présence
C'est la vie et la paix;
La paix dans la souffrance,
Et la vie à jamais.

Le cri de mon âme…. Ton Joug est facile

1

Le cri de mon âme

S'élève vers toi.

Elle te réclame,

Jésus, pour son Roi.

Ton joug est facile,

Ton fardeau léger;

Sur mon coeur docile

Règne, ô bon berger!

2

Jésus, sois mon guide,

Dirige mes pas,

Et sois mon égide

Dans tous mes combats.

Dans la nuit profonde

Tiens-moi par la main;

Lumière du monde,

Luis sur mon chemin!

3

Source de l'eau vive,

Pain venu des cieux,

Que par toi je vive

Paisible et joyeux!

Quand luira l'aurore

Du jour éternel,

Que je vive encore

Pour toi, dans le ciel!

Moment si doux de la prière,

1
Moment si doux de la prière,
Où Dieu, m'élevant jusqu'à lui,
Se révèle à moi comme un Père,
Comme un Sauveur, comme un appui.

2
Oh ! oui, je t'aime, heure bénie,
Je te désire avec ardeur,
Car déjà souvent dans la vie,
Tu m'as sauvé du tentateur.

3
Doux moment de paix, heure sainte
Où, sur les ailes de la foi,
Mon cœur s'élève sans contrainte,
Je ne saurais vivre sans toi.

4
Sois donc toujours toute ma joie,
Tout mon refuge et mon secours,
Et que jamais Dieu ne me voie
Passer sans toi l'un de mes jours!

Je lève les yeux vers les monts que j'aime

1

Je lève les yeux vers les monts que j'aime;
D'où peut me venir ici les secours?
Le secours me vient de l'Éternel même,
Du Dieu qui créa les nuits et les jours.

2

Pourra-t-il souffrir que ton pied chancelle?
Ton gardien peut-il sommeiller jamais?
Non, il ne dort pas, le gardien fidèle,
Celui qui maintient Israël en paix.

3

Pour toi l'Éternel est un retraite;
Il te sert à droite et d'ombre et d'appui :

Le soleil ne peut frapper sur ta tête,
Ni la lune à l'heure où le jour a fui...

4

Il te gardera de tout mal possible;
Il garde ton âme, il garde tes jours;
Il te gardera ! Rentre et sors paisible :
L'Éternel sur toi veillera toujours.

Debout, sainte cohorte

1

Debout, sainte cohorte,

Soldats du Roi des rois!

Tenez d'une main forte

L'étendard de la croix!

Au sentier de la gloire

Jésus-Christ vous conduit;

De victoire en victoire

Il mène qui le suit.

2

La trompette résonne;

Debout ! Vaillants soldats!

L'immortelle couronne

Est le prix des combats.

Si l'ennemi fait rage,

Soyez fermes et forts;

Redoublez de courage,

S'il redouble d'efforts.

3

Debout pour la bataille,

Partez, n'hésitez plus!

Pour que nul ne défaille,

Regardez à Jésus!

De l'armure invincible,

Soldats, revêtez-vous!

Le triomphe est possible

Pour qui lutte à genoux.

4
Debout, debout encore!
Luttez jusqu'au matin;
Déjà brille l'aurore
À l'horizon lointain.
Bientôt, jetant nos armes
Aux pieds du Roi des rois!
Les chants après les larmes,
Le trône après la croix!

Pèlerin sur cette terre

1

Pèlerin sur cette terre,
Je m'avance vers le ciel,
Vers le pays de lumière,
Séjour éternel!
Ici d'ennemis sans nombre
Je me vois environné,
Ma route souvent est sombre,
Mais je suis aimé.

2

Aimé du plus tendre Père
Qui m'a conduit en chemin,
Et dirigé ma carrière
Par sa sûre main.
Pendant l'épreuve et l'orage,
Dans l'angoisse et la douleur,
Sa voix me dit : «Prends courage,
Je suis ton Sauveur!».

3

Travailler pour un tel Maître,
Le servir en l'attendant,
Apprendre à le mieux connaître
En le contemplant!
Quel bonheur incomparable,
Et qu'il est heureux mon sort!
Oui, mon Sauveur adorable
Me conduit au port!

4
Le port, c'est le doux rivage
Où cesseront tous nos pleurs,
Où Jésus-Christ l'image
Ravira nos coeurs.
Qu'importe donc la souffrance,
Jésus vient! Levons les yeux!
Bien près est la délivrance.
Ils s'ouvrent les cieux.

Flots mugissants, flots en furie

1

Flots mugissants, flots en furie,

Entourez-moi, je n'ai pas peur :

Quoi qu'il en soit, paix infinie,

Puisqu'à la barre est mon Sauveur.

Refrain

Le gouvernail, (bis) de ma nacelle,

Oh! quel repos (bis) Jésus le tient,

Si dans la nuit (bis) mon coeur chancelle,

Avec Jésus (bis) oui tout est bien.

2

Et vous, récifs, écueils, menaces,

Qui présagez plus d'un malheur,

Calme, je puis vous voir en face,

Puisqu'à la barre est mon Sauveur.

3

Jour après jour, nouveaux orages,

Nouveaux périls; point de frayeur!

Bientôt j'atteins le grand rivage,

Puisqu'à la barre est mon Sauveur.

4

Avec Jésus pour mon Pilote,

Pour moi tout est paix et bonheur.

En sûreté, mon esquif flotte,

Puisqu'à la barre est mon Sauveur.

Le nom de Jésus est si doux

1
Le nom de Jésus est si doux!
De Dieu désarmant le courroux,
Il nous appelle au rendez-vous,
Précieux nom de Jésus!

Refrain
Jésus! Béni soit ton nom!
Jésus! Oh! Merveilleux don!
Jésus! Suprême rançon,
Sois adoré pour toujours!

2
J'aime ce nom dans le chagrin,
Il me soutient sur le chemin,
Sa musique est un son divin,
Précieux nom de Jésus!

3
Ô nom béni, nom tout-puissant,
Quand à mon Père m'adressant,
Il répond à mon cri pressant,
Par le beau nom de Jésus!

4
Le jour viendra, nom solennel,
Où toute voix, à ton appel,
Dira, sur terre et dans le ciel :
Précieux nom de Jésus!

Ne crains rien, je t'aime

1

Ne crains rien, je t'aime,
Je suis avec toi!
Promesse suprême,
Qui soutient ma foi.
La sombre vallée
N'a plus de terreur,
L'âme consolée,
Je marche avec mon Sauveur.

Refrain

Non, jamais tout seul {2 fois
Jésus, mon Sauveur, me garde,
Jamais ne me laisse seul.
Non, jamais tout seul {2 fois
Jésus, mon Sauveur, me garde,
Je ne suis jamais tout seul.

2

L'aube matinière
Ne luit qu'aux beaux jours,
Jésus, ma lumière,
M'éclaire toujours.
Quand je perds de vue
L'astre radieux,
À travers la nue,
Jésus me montre les cieux!

3
Les dangers accourent,
Subtils, inconnus :
De près ils m'entourent,
Plus près est Jésus,
Qui, dans le voyage,
Me redit : « C'est moi!
Ne crains rien : courage!
Je suis toujours avec toi!»

Ô quel bonheur de le connaître

Ô quel bonheur de le connaître,
L'ami qui ne saurait changer.
De l'avoir ici-bas pour maître
Pour défenseur et pour berger !

Refrain
Chantons, chantons d'un coeur joyeux
Le grand amour du Rédempteur,
Qui vint à nous du haut des cieux,
Et nous sauva du destructeur !

Dans la misère et l'ignorance
Nous nous débattions sans espoir,
La mort au coeur, l'âme en souffrance,
Quand à nos yeux il se fit voir.

Il nous apporta la lumière,
La victoire et la liberté ;
L'ennemi mordit la poussière,
Pour toujours Satan fut dompté.

Vers l'avenir marchons sans crainte
Et sans souci du lendemain,
Pas à pas, nos pieds dans l'empreinte
De ses pieds sur notre chemin.

Je l'ai trouvé, je l'ai trouvé

1. Je l'ai trouvé, je l'ai trouvé,
Le bonheur ineffable!
Je suis sauvé, je suis sauvé,
Ô joie inexprimable!
Tous mes péchés sont effacés:
Le sang de Christ me lave.
Les jours des larmes sont passés:
Je ne suis plus esclave!

2. Dans Ton amour, Tu m'as cherché,
Errant bien loin du Père!
Tu m'as sauvé de mon péché,
Tu fis de moi Ton frère:
Et maintenant, et pour jamais,
Sous Ton joug je me plie.
Je ne puis vivre désormais,
Jésus, que de Ta vie!

3. Ah! Laissez-moi chanter mon Roi;
Le chanter de tout mon cœur!
Jésus n'est-Il pas tout pour moi?
Gloire à mon divin Sauveur!
Sans se lasser, jour après jour,
Il m'aime, Il m'aime encore...
Comment répondre à tant d'amour?
Je crois, j'aime et j'adore.

Par tous les saints glorifié

1. Par tous les saints glorifié
Jésus inspire leur louange
Plus belles que le chant des anges.
Gloire à l'Agneau,
Gloire à l'Agneau,
Gloire à l'Agneau sacrifié !

2. C'est par lui qu'est justifié
Tout pécheur qui demande grâce.
Prêtres et rois devant sa face.
Chantons l'Agneau,
Chantons l'Agneau,
Chantons l'Agneau sacrifié !

3. Par le Père magnifié
Tout l'univers lui rend hommage
L'Agneau règnera d'âge en âge.
Gloire à l'Agneau,
Gloire à l'Agneau,
Gloire à l'Agneau sacrifié !

4. Par son Esprit vivifié
Je veux jusqu'à ma dernière heure
Chanter l'amour qui seul demeure.
Gloire à l'Agneau,
Gloire à l'Agneau,
Gloire à l'Agneau sacrifié !

5. Pour nous il fut crucifié
Son sang a racheté notre âme
C'est pourquoi notre amour l'acclame.
Gloire à l'Agneau,
Gloire à l'Agneau,
Gloire à l'Agneau sacrifié !

Quelle assurance, je suis sauvé

1. Quelle assurance, je suis sauvé !
Quel avant-goût du ciel m'est donné !
Né de l'Esprit, baptisé de feu,
Crée de nouveau, je vis pour Dieu.

Refrain
C'est mon cantique, c'est mon histoire!
Alléluia ! Je chante à sa gloire!
Gloire ! Alléluia ! Gloire au Sauveur!
Gloire éternelle à mon Rédempteur !

2. Quelle assurance, je suis joyeux !
Déjà mon nom est inscrit aux cieux !
L'amour céleste remplit mon cœur
Depuis mon abandon au Sauveur !

3. Quelle assurance, je suis en paix !
La paix de Jésus dure à jamais !
Plein de sa bonté, de son amour,
Tout prêt pour son glorieux retour.

Entre Tes Mains J'abandonne

1. Entre Tes mains j'abandonne,
Tout ce que j'appelle mien.
Oh! Ne permets à personne,
Seigneur d'en reprendre rien!
Oui, prends tout, Seigneur, (x2)
· Entre Tes mains j'abandonne
Tout avec bonheur.

2. Je n'ai pas peur de Te suivre
Sur le chemin de la croix.
C'est pour Toi que je veux vivre,
Je connais, j'aime Ta voix.
Oui, prends tout, Seigneur, (x2)
Sans rien garder, je Te livre
Tout avec bonheur.

3. Tu connais mieux que moi-même
Tous les besoins de mon cœur;
Et pour mon bonheur suprême,
Tu veux me rendre vainqueur.
Oui, prends tout, Seigneur, (x2)
Je ne vis plus pour moi-même,
Mais pour mon Sauveur.

4. Prends mon corps et prends mon âme,
Que tout en moi soit à Toi.
Que par Ta divine flamme
Tout mal soit détruit en moi!
Oui, prends tout, Seigneur, (x2)
Prends mon corps et prends mon âme:
Règne sur mon cœur!

Into Thine hands

1. Into Thine hands I surrender,
Everything that I call mine.
Lead me, O heavenly Father,
Let Your face upon me shine!
I surrender all, all I have with joy,
Into Thine hands I surrender,
All I have with joy.

2. Into Thine hands, O God of truth,
Yes, I commit my spirit;
Thou hast redeemed my soul from death,
And hast saved me from the pit.
I surrender all, I surrender all,
Into Thine hands, O God of truth,
I surrender all.

3. In Thee, O Lord, I put my trust;
Ashamed let me never be;
O save me in Thy righteousness,
Lord give ear and rescue me.
I surrender all, I surrender all,
Into Thine hands, I put my trust,
I give Thee my all.

4. You are my strength when I am weak,
You are the treasure I seek,
When I fall down, You pick me up,
When I'm dry You fill my cup,
I surrender all, I surrender all,
You are my strength when I am weak,
You're my all in all.

Recueil des "Chants d'espérance Français"

Crions à Dieu pour que notre patrie (a)
Crions à Dieu pour que notre patrie (b)
Doxologie
Grand Dieu, nous te bénissons
Adorons le Père
On n'adore – Pas encore
Que tout genou fléchisse
Agneau De Dieu
Jésus, Jésus, Jésus, Jésus
Dans les cieux et sur la terre
Du Rocher de Jacob
Mon cœur joyeux, plein d'espérance
Chantons du Sauveur la tendresse
Ton nom soit à jamais béni
À Toi nos transports d'allégresse
Dans le pays de la gloire éternelle
Que ne puis-je, ô mon Dieu
À Toi nos transports d'allégresse
Oh ! quel bonheur de le connaître
Je l'ai trouvé, je l'ai trouvé
Le nom de Jésus est si doux
À Celui qui nous a lavés
L'Éternel seul est Seigneur
Mon cœur te cherche au point du jour
Béni soit le jour où j'ai fait
Hosanna ! Béni soit
Vers Toi monte notre hommage
Je chanterai, Seigneur
Dieu fort et grand !
Mon seul appui, c'est l'Ami Céleste
Jésus, ô nom qui surpasse !
Gloire, gloire à l'Éternel
Jésus, je voudrais mieux connaître
Oui, ton amour est un amour sublime
Vers Toi, Seigneur
Quand finira le combat
Par tous les saints glorifié
Mon Sauveur m'aime
Seigneur, ô Sauveur
Voici noël, ô douce nuit
Il est né Roi du monde
Dans les champs le berger veille
Écoutez ! Un saint cantique
Terre, chante de joie !

Salut, blanche étoile
Jésus est né ! Venez, bergers et mages
Sur La paille fraîche
Quelle est au ciel cette brillante étoile
J'ai découvert dans la vallée
Portant sa croix, il monte
Ô Christ ! J'ai vu ton agonie
Pécheurs, voyez l'Agneau du Père
Sur Cette Terre, Ô Divin Frère
Mortels, voulez-vous savoir
Obscur et pauvre au monde présenté
À la croix où mourut mon Sauveur
Christ, immolé sur la colline
Agneau de Dieu messager de la grâce
Un regard sur ta croix sanglante
J'entends Ta Douce Voix
Pour quel péché, Jésus, pour quelle offense
Rédempteur Adorable
Jésus, Agneau De Dieu
Regarde, âme angoissée
En contemplant la croix bénie
Apporte sur le calvaire
Jésus, par ton sang précieux
Chef couvert de blessures
Christ est ressuscité
À toi la gloire, Ô Ressuscité
Brisant ses liens funèbres, Alléluia
Le Sauveur est ressuscité
Oui, pour son peuple Jésus prie
Chantons, chantons sans cesse
Qui me relève dans mes chutes
Ô Cieux, unissez-vous
Jésus est notre Ami suprême
Lorsque dans ma souillure
Oh ! Que ton joug est facile
Saisis ma main craintive
Dieu Lui-même, ô mystère
Quel ami fidèle et tendre
Ami tendre et secourable
Je ne sais pourquoi
Tiens dans ta main
Jésus, mis à mort pour moi
Redites-moi l'histoire
Suivez, suivez l'agneau
Toujours ta divine présence
Jésus est au milieu de nous
Il me conduit, douce pensée
Le Fils de Dieu vint sur la terre
J'ai quitté le ciel pour toi

Jésus, au nom saint et doux
Douce clarté
Comme un phare sur la plage
T'aimer, ô Sauveur charitable
Bon Sauveur, berger fidèle
Je connais un guide infaillible
Jésus soit avec vous à jamais
Tenons nos lampes prêtes
Il va venir, le Seigneur que j'adore
Viens, ô Jésus, ton Église t'appelle
Voir mon Sauveur face à face
Lorsque devant l'Agneau
Du ciel, bientôt, Jésus va revenir
En expirant, le rédempteur
Saint-Esprit, notre Créateur
Rends-toi Maître de nos âmes
Promesse du Père
Ô Saint-Esprit, Esprit de vie
Saint-Esprit, que ta clarté
Viens, ô Créateur de nos âmes
Romps-nous le pain de vie
Ta Parole est un beau jardin
Livre Saint, céleste Livre
Pour triompher dans les combats
La Parole du Seigneur
Divine Parole
C'est un rempart que notre Dieu
Sur Toi je me repose
Reste avec nous
Ne crains rien, je t'aime
Je lève les yeux vers les monts que j'aime
En Christ seul est mon espérance
La foi fait tomber sous nos yeux
Es-tu lassé, rempli de tristesse
Quand le vol de la tempête
Oh ! Croyez que Dieu vous donne
Bientôt, bientôt nous comprendrons
Une nacelle en silence
Il est un roc séculaire
Sur les pas du Saint Modèle
Espère en Dieu quand la nuit sombre
Sois sans alarmes, sans frayeur
La voix du Seigneur m'appelle
Comme une tige légère
Tout joyeux bénissons le Seigneur
Mon corps, mon cœur, mon âme
À toi, mon Dieu ! je me donne
Entre tes mains, j'abandonne
Mon cœur tressaille à ta voix

À Jésus je m'abandonne
Au pied de la croix sanglante
Jésus, doux, Maître, règne sur moi
Qu'il fait bon à ton service
Pour Toi seul, en qui j'espère
Jusqu'à La Mort
Marchons Avec Joie
Mon Dieu, plus près de toi
Mon Jésus, je t'aime
Miséricorde Insondable
Sans Jésus, je ne peux vivre
Jésus, je te suivrai partout
Jésus, à toi j'appartiens pour jamais
Prend ma vie, elle doit être
Ô jour béni, jour de victoire
Abandonne ta vie
Veille au matin
La croix que Dieu me donne
Ah ! Donne à mon âme
Humblement prosterné, Seigneur
Comme une terre altérée
Seigneur, à ton regard de flamme
Jésus ta sainte présence
Plus haut, plus haut !
Oui, Jésus, c'est vers Toi
Lutte quand l'Esprit de grâce
J'ai trouvé, j'ai trouvé la voie
À tes pieds, ô divin Maître
Je dois voyager au monde
Mon Sauveur, je voudrais être
Seigneur, sanctifie
Comme un cerf altéré brame
Repose ton âme
Pleine paix, Jésus en ta présence
Comme un fleuve immense
C'est à l'ombre de tes ailes
Jésus me demande d'être
Par ce chemin solitaire
Paix, paix parfaite
Torrents d'amour et de grâce
Quel repos céleste
J'ai dans mon cœur une mélodie
Mort avec Christ d'une mort volontaire
Je la connais cette joie excellente
Jamais Dieu ne délaisse
Le Tout-Puissant est mon Berger
Je vis d'espérance
T'aimer Jésus ! Te Connaître
Oui, selon ta promesse

Joie au ciel !
Maître, entends-tu la tempête
Jésus, Ami de mon âme
Moment si doux de la prière (a)
Moment si doux de la prière (b)
Jésus te confie
J'ai soif de ta présence
Mon Dieu, mon Père
Seigneur, du sein de la poussière
Que faut-il faire quand l'adversaire
Ô Dieu de vérité
Toi qui dispose
Parle, parle, Seigneur
Je m'approche de toi
Seigneur, ce que je réclame
Le cri de mon âme
Ô toi qui donnes la vie
Dans l'abîme de misères
Dans le jardin où j'aime entrer
Viens m'apprendre à t'aimer
Souvent, Seigneur, en sa détresse
Plus que vainqueurs ! Telle est notre devise
Travaillons et Luttons
Debout, sainte cohorte
Triomphons, chantons d'allégresse
C'est Jésus, quand je chancelle
Au combat de la vie
Le signal de la victoire
À moi, les cœurs braves
Plus le mal est pressant
À celui qui sera vainqueur
Sûr de la victoire
La croix reste debout
Il est une sainte guerre
Voyez l'étendard céleste
Honneur aux vaillants, aux braves
Qu'ils sont beaux sur les montagnes
Semons dès l'aurore
Dès que l'aube dépose
Publiez bien haut la grande nouvelle
Chœur des bienheureux
Écoutez l'appel du Berger
La voix de Christ nous appelle
Messagers du grand Roi
Annonçons partout le dernier Message
Sur mon chemin l'éternité s'avance
Avançons-nous joyeux, toujours joyeux
Nous voguons vers un beau rivage
Gémissant sous l'esclavage

J'apportai ma détresse à Jésus
Possèdes-tu pauvre pécheur
Proclamez par tout le monde
Seigneur, que la terre entière
Le temps est court pour accomplir la tâche
Voyez, voyez ! Les voici !
Ô Seigneur Éternel
Place pour toi, pécheur, Jésus t'appelle
Entends-tu le chant joyeux ?
Sentinelle vigilante
Venez au Sauveur qui vous aime
Regarde à Jésus, c'est la vie
Connais-tu cette cité
Je ne sais pas le jour
Seigneur, donne-moi des ailes
Plus de pleurs, plus de faux sourire
Au ciel est la maison du Père
Un jour je cesserai mes chants
Contempler mon Dieu sur son trône
Étranger sur la terre
Pour moi chrétien, la terre est un exil
Frère, quand ton âme est lassée
Oh ! quel beau jour, où, devant ta face
L'aube naît, sourit et passe
Serrons nos rangs autour de notre Maître
Ah ! Qu'il est beau de voir des frères
Béni soit le lien
Voici de tes enfants
Ô seigneur, bénis la parole
Unissons nos cœurs et nos voix
Oh ! que ton service est aimable
Jour du Seigneur
L'astre à l'horizon descend
Rois des rois, Éternel, mon Dieu !
Jour de repos, jour du Seigneur
Qu'aujourd'hui toute la terre
Toi dont l'âme est tourmentée
Oh ! viens à moi, ton Sauveur et ton Frère
Voici, je me tiens
Sans un Dieu puissant pour Père
Venez à Celui qui pardonne
Si vous saviez
De Jésus, entends-tu la voix
Sans fruit, sans fruit
Écoutez la Bonne Nouvelle
Demain, peut-être
Quelqu'un frappe à votre porte
Où cherchez-vous le bonheur
Pécheur, je voudrais te guérir

Viens au Père qui t'appelle
Viens, âme qui pleures
Ô vous qui n'avez pas la paix
Entends-tu ? Jésus t'appelle
Venez, cœurs souffrants et meurtris
Jésus t'appelle, oh ! viens et vois
Viens à Jésus, Il t'appelle
Cœur fatigués et lassés du péché
Tel que je suis, sans rien à moi
Seigneur, je n'ai rien à t'offrir
Tel que je suis, pécheur rebelle
On frappe... on frappe... entends-tu ?
Roc séculaire, frappé pour moi
C'est Toi Jésus
Est-il bien vrai, Seigneur
Bien loin de toi, mon père
Seigneur, tu donnes ta grâce
Je suis à toi, gloire à ton nom suprême
Source féconde, salut du monde
Le ciel était voilé
Quelle assurance, je suis sauvé
Jésus, du fardeau de la loi
Voici Jésus, notre Sauveur
Sans attendre, Je veux tendre
Seigneur Jésus, céleste Frère
Éternel, répands ta paix
Époux chrétiens, que le ciel vous sourie
Ah ! Pourquoi l'amitié
Dors, bien-aimé, ton œuvre est terminée
Nous mourrons, mais pour renaître
Non, ce n'est pas mourir
Qui sont ces gens au radieux visage
Il Est Là-haut
Soldats de Christ et Haïtiens
Ô Dieu de nos aïeux
Nous te présentons cet enfant
Nul enfant n'est trop petit
Je suis la lumière
Il est un Ami fidèle
Oh ! Que ta main paternelle
Quel bonheur quand, faisant trêve
Chaque jour de ma vie
Dans mon âme un beau soleil brille
Qui dit au soleil sur la terre
Deux mains pour servir le Maître
J'accours et me rends au Seigneur
Ah ! Rentrons au bercail
Accourez au baptême
Je viens, Seigneur, à ce baptême

Minuit ! Chrétiens, c'est l'heure solennelle

Minuit ! Chrétiens, c'est l'heure solennelle
Où l'homme Dieu descendit jusqu'à nous,
Pour effacer la tache originelle
Et de son père arrêter le courroux:
Le monde entier tressaille d'espérance
A cette nuit qui lui donne un sauveur
Peuple, à genoux chante ta délivrance,
Noël ! Noël ! Voici le Rédempteur !
Noël ! Noël ! Voici le Rédempteur !

De notre foi que la lumière ardente
Nous guide tous au berceau de l'enfant
Comme autrefois, une étoile brillante
Y conduisit les chefs de l'Orient

Le Roi des Rois naît dans une humble crèche,
Puissants du jour fiers de votre grandeur,
A votre orgueil c'est de là qu'un Dieu prêche,
Courbez vos fronts devant le Rédempteur !
Courbez vos fronts devant le Rédempteur !

Le Rédempteur a brisé toute entrave,
La terre est libre et le ciel est ouvert
Il voit un frère ou n'était qu'un esclave
L'amour unit ceux qu'enchaînait le fer,
Qui lui dira notre reconnaissance ?
C'est pour nous tous qu'il naît, qu'il souffre et meurt:
Peuple, debout ! chante ta délivrance,
Noël ! Noël ! chantons le Rédempteur !
Noël ! Noël ! chantons le Rédempteur !

Les anges dans nos campagnes

Les anges dans nos campagnes
Ont entonné l'hymne des cieux
Et l'écho de nos montagnes
Redit ce chant mélodieux
Gloria in excelsis Déo! (bis)

The angels in our fields
Started singing the heavenly hymn
And the echo of our mountains
Repeat this melodious song.
Gloria in excelsis Déo! (repeat)

Bergers, pour qui cette fête
Quel est l'objet de tous ces chants ?
Quel vainqueur, quelle conquête
Mérite ces cris triomphants ?
Gloria in excelsis Déo! (bis)

Shepherds, for whom this party

What is the point of all these songs?
Which victor, which conquest
Merits these triumphant cries?
Gloria in excelsis Déo! (repeat)

Il est né, le Dieu de gloire
Terre, tressaille de bonheur
Que tes hymnes de victoire
Chantent, célèbrent ton sauveur !
Gloria in excelsis Déo! (bis)

He is born, the God of glory
Land, shakes with joy
That your hymns of victory
Sing, celebrate your savoir!

Petit Papa Noël

C'est la belle nuit de Noël
La neige étend son manteau blanc
Et les yeux levés vers le ciel
À genoux, petits enfants
Avant de fermer les paupières
Font une dernière prière.
Petit papa Noël
Quand tu descendras du ciel
Avec des jouets par milliers
N'oublie pas mon petit soulier.
Mais avant de partir
Il faudra bien te couvrir
Dehors tu vas avoir si froid
C'est un peu à cause de moi.
Il me tarde tant que le jour se lève
Pour voir si tu m'as apporté

Tous les beaux joujoux que je vois en rêve
Et que je t'ai commandés.

Petit papa Noël
Quand tu descendras du ciel
Avec des jouets par milliers
N'oublie pas mon petit soulier.

Et quand tu seras sur ton beau nuage
Viens d'abord sur notre maison
Je n'ai pas été tous les jours très sage
Mais j'en demande pardon.

Mon beau sapin
My Beautiful Fir Tree
Chanson de Noël
Christmas Carol
(French)
(English)

Mon beau sapin, roi des forêts
Que j'aime ta verdure!
Quand, par l'hiver, bois et guérets
Sont dépouillés de leurs attraits
Mon beau sapin, roi des forêts
Tu gardes ta parure.

Toi que Noël planta chez nous
Au saint anniversaire!
Comme ils sont beaux, comme ils sont doux
Et tes bonbons et tes joujoux!
Toi que Noël planta chez nous
Tout brillant de lumière.

Mon beau sapin tes verts sommets
Et leur fidèle ombrage
De la foi qui ne ment jamais
De la constance et de la paix,
Mon beau sapin tes verts sommets
M'offrent la douce image.

My beautiful fir tree, king of the forests,
How much I like your leafy finery.
When in Winter, woods and tilled land
Are bare of their appeal
My beautiful fir tree, king of the forests
You keep your leafy finery.

You, that Father Christmas planted in our home

For the Holy Birthday.
Pretty fir tree, how fine and
Sweet your candy and toys are,
You, that Father Christmas planted in our home
All glittering.

My beautiful fir tree, your green treetops
And their constant shade,
My beautiful fir tree, your green treetops
Give the sweet picture
Of truthful faith,
Of constancy and peace.

(La Chanson de Jingle Bells en Français)

Vive le vent

Chorus
Vive le vent, vive le vent,
vive le vent d'hiver
qui s'en va sifflant, soufflant
dans les grands sapins verts.
Vive le temps, vive le temps,
vive le temps d'hiver
boules de neige et jour de l'an
et bonne année grand-mère.

Sur le long chemin
tout blanc de neige blanche
un vieux monsieur s'avance avec
sa canne dans la main
et tout là-haut le vent qui siffle
dans les branches puis souffle
la romance qu'il chantait petit enfant

Chorus

Joyeux joyeux Noël aux mille
bougies qu'enchantent vers le ciel
les cloches de la nuit.
Vive le vent, vive le vent,
Vive le vent d'hiver
Qui rapporte aux vieux enfants un souvenir d'hier.

Chorus

Et le vieux monsieur descend
vers le village
C'est l'heure où tout est sage
et l'ombre danse au coin du feu
Mais dans chaque maison
il flotte un air de fête partout
la table est prête et l'on entend
la même chanson

####

(Refrain) *Vive le vent, vive le vent,* *Vive le vent d'hiver,* *Qui s'en va sifflant, soufflant* *Dans les grands sapins verts, oh !*	(Refrain) Long live the wind, long live the wind, Long live the winter wind, Which goes whistling, blowing In the big green Christmas trees, oh!
Vive le temps, vive le temps, *Vive le temps d'hiver,* *Boules de neige et Jour de l'An* *Et Bonne Année grand-mère !* *(Fin du refrain)*	Long live the weather, long live the weather, Long live the winter weather, Snowballs and new year's day and happy new year Grandma! (End of refrain)
Sur le long chemin *Tout blanc de neige blanche* *Un vieux monsieur s'avance* *Avec sa canne dans la main.* *Et tout là-haut le vent* *Qui siffle dans les branches* *Lui souffle la romance* *Qu'il chantait petit enfant, oh !*	Along the long path All white from the white snow An old man advances With his cane in his hand. And all above the wind Which whistles in the branches Blows on him the romance That he sang as a young child, oh!
Refrain	Refrain
Joyeux, joyeux Noël *Aux mille bougies* *Qu'enchantent vers le ciel* *Les cloches de la nuit.* *Vive le vent, vive le vent* *Vive le vent d'hiver* *Qui rapporte aux vieux enfants* *Leurs souvenirs d'hier, oh !*	Merry, merry Christmas To the thousand candles Which delight toward heaven The night's bells. Long live the wind, long live the wind Long live the winter wind Which brings to old kids Their memories of yesterday, oh!
Refrain	Refrain
Et le vieux monsieur *Descend vers le village.* *C'est l'heure où tout est sage* *Et l'ombre danse au coin du feu.* *Mais dans chaque maison* *Il flotte un air de fête* *Partout la table est prête* *Et l'on entend la même chanson, oh !*	And the old man Goes down toward the village, It's the time when everyone is good And the shadow dances near the fire. But in each house There's a festive air Everywhere the table is ready And you hear the same song, oh!
Refrain	Refrain

ISBN:
978-1-329-71802-9
Content ID: 17884325

Made in United States
Orlando, FL
28 April 2025